自在光 自在觀——
21 天沁輪脈輪曼陀羅的旅程

李芯薇（Vivi Lee）

推薦序
為自己打造一個曼陀羅的靈修空間

　　這本由李芯薇（Vivi Lee）老師製作撰寫的沁輪脈輪曼陀羅日誌手冊，結合了她個人帶有粉彩特色的曼陀羅繪畫（Mandala drawing）技術，以及昆達里尼瑜珈（Kundalini yoga）傳統的脈輪系統修煉概念，貼心地為你我這群被瑞士深度心理學家榮格（Carl. G. Jung, 1875-1961）筆下稱為「探尋靈魂的現代人」，指出了一條可於日常生活中實際應用的、靈性洗滌與陶鑄的道路。

　　根據我個人長期從事宗教心理學與生死學探究的經驗觀之，李老師能夠將東西方深奧玄秘的靈性傳統，融入可親且帶有個人特色的表達性藝術活動中，舉重若輕地塑造出目前這本多彩炫目、與宇宙韻律若合符節的 21 天自我探索旅程手冊，的確是很不容易的一件事，因此非常值得向大眾推介，希望在修煉的道路上，這本手冊能夠像一位心靈摯友般地隨時陪伴你我前行。

　　但是要欣賞這本名為「沁輪脈輪曼陀羅」的自學手冊，背後所含蘊指向的豐厚心靈體驗內涵，我個人認為讀者至少需要

了解曼陀羅、昆達里尼瑜珈的脈輪系統，以及表達性藝術如何能夠協助曼陀羅繪畫者開啟靈性心門、彰顯原本被遮蔽的靈性之光等三大主題。其實，這幾個主題的學理根據在這本手冊中也都有畫龍點睛式的介紹，以提供使用者對背景的掌握了解；而我在此要分享的重點則是，基於我個人多年的宗教學習體悟，提供我對這三個主題的全觀式理解，以為本書的旁證，同時提供有志靈修的同道若干靈性經驗地圖上的參考。

首先我想先說一下曼陀羅。在圖案上曼陀羅的結構就是圓圈與四方形的組合，再加上個中呈現的不同原型主題(archetypal themes)。它象徵的就是生命的整體 (the wholeness)，其中圓圈代表的是自然的整體，而四方形代表的則是人為的整體。至於原型主題乃是不受時空所限、對人類具有普遍性意義的主題，例如有代表本我或自性 (Self) 的原型、代表男女情愛的阿尼瑪(anima)、阿尼姆斯 (animus) 原型，以及其他代表生命重要主題的各類原型如各種神祇(gods)、死亡、魔鬼、英雄、母親、搗蛋鬼(trickster)、小孩、轉化(transformation)、個體化(individuation)等長串名單。由於不同歷史文化所醞釀形成的原型意象或圖案(archetypal images or graphics) 差異，使得這一長串原型主題的圖像名單幾乎是無限的。

這些原型圖像除了廣泛存在於神話故事、歷史古蹟、民族

圖騰及宗教儀式中外，也存在於個人深沉的夢境與白日夢幻想中。因此，曼陀羅圖像可以被視為是內外在宇宙結構的縮影，而在繪畫曼陀羅時就是一個回歸生命中心、將生命分散的不同部分加以聚合的時刻。換言之，繪畫者往往可以在過程中感受到萬古常新的生命活力在躍動，感覺到自己的生命在朝向整體匯合，其道理即在於此。這在印地安納瓦荷族 (Navajo) 人畫沙畫曼陀羅時是如此，在榮格無意識的畫著簡單圓圈時，以及在西藏佛教徒畫著唐卡曼陀羅時也都是如此。

其次，我想說的是昆達里尼瑜珈的脈輪系統。它是有別於帕坦珈利 (Patanjali) 瑜珈的另外一套密教傳統的身心修煉系統。當帕坦珈利瑜珈強調沉澱思慮、還歸生命本然實相知覺時，昆達里尼瑜珈則把修煉重點放在氣脈明點的生命宇宙能量之啟動與導引上。對於昆達里尼瑜珈士而言，人體是一個由三個氣脈（中、左、右）與七個脈輪明點（頂輪、眉心輪、喉輪、心輪、太陽神經叢、臍輪、海底輪）所構成的小宇宙。這些氣脈明點所構成的乃是肉身的乙太體（或能量體），當氣脈通暢時，物質肉身就能保持健康，而氣脈的修煉又會觸及星光體（或靈體）的覺知與淨化，因此傳統上此類的修煉通常會結合某些密教傳統的秘儀或咒語予以強化。

曼陀羅繪畫與原型圖像的觀想 (contemplation) 便是其中的

一種方式，由此可見曼陀羅具備攸關靈魂修煉的特質。這本手冊的「沁輪」之義，就是洗滌淨化脈輪的意思。而脈輪之所以能夠被淨化洗滌的原因，就在於曼陀羅乃是個體與宇宙靈魂的構造和主題的顯像。當進行曼陀羅的繪畫時，繪畫者就是將自己的知覺經驗置放在星光體的中心位置，試圖將生命的不同部分聚合起來，使得乙太體的生命能量能被增強和運行平順，並藉此打通內外的隔閡與侷限，讓生命重啟機用、再度活絡起來。

　　最後，為了要完整說明曼陀羅繪畫在靈性修煉方面的促進作用，還需要闡明的就是表達性藝術的療癒機制，也就是要說明像曼陀羅繪畫這樣的表達性藝術技能形式，為何能夠啟動身心能量的循環流動，並因此導向靈性覺知經驗的提升。根據榮格心理學對積極想像 (active imagination) 的認識，當人們在清醒的時候若能將自我意識的活動層級降低，而把意義表達的主導權交給相對具有自發性 (spontaneous) 的潛意識（在曼陀羅的繪畫中是集體潛意識）活動，則朝向未來導向的想像力（意象）會由心靈深層湧現並被激活，於是前述的昆達里尼脈輪與曼陀羅圖像之間便被有機地連結起來，於是靈性修煉的目的得以完成，個人的生命也因此而脫胎換骨、歷久彌新。

　　身處高度科技化與抽象制度系統化社會的當代人，極度欠

缺前現代化社會人們所具備的神話敘事與儀式化空間的內建靈性引導，使得當代人的靈性處境特別艱難，飽受焦慮與憂鬱情緒的侵擾，沉浮於精神官能、思覺失調的種種症狀折磨中。為了扭轉這樣的發展趨勢，當代人亟需主動為自己打造一個靈性修煉的空間，而曼陀羅繪畫便是其中一種極具深度而又容易入門的途徑。根據宗教現象學家依利亞德 (Mercea Eliade, 1907-1986) 為神聖空間所作的現象本質描繪，每日靜心進行曼陀羅繪畫的個人，就是在日常同質性的 (homogeneous) 空間中，為自己創造了一個異質性的 (heterogeneous) 突破點，由中心點的突破到中軸的建立，而後漸次填補原型意象的經驗內容於其中，於是豐富多彩的靈性世界便透過一幅幅的曼陀羅圖像昭然若揭的矗立眼前。

我個人因長年浸淫於榮格心理學的身心靈經驗探索，深知原型心靈意象與圖像對於強大宇宙奧秘解碼的力量。近年來我開始藉由多場次托特塔羅工作坊、死亡焦慮體驗工作坊以及塔羅冥想工作的帶領，更是親身見證到結合曼陀羅、昆達里尼氣脈明點以及繪畫表藝等途徑能為修煉者帶來的顯著心靈轉化效益。今日有此機緣拜讀李芯薇老師的《自在光 自在觀—沁輪脈輪曼陀羅 21 天的旅程》自學手冊，除了對其整體製作的匠心巧思深感讚嘆之外，也對於此一手冊能夠啟迪開發個人靈

性知覺，以及為協助現代人打造靈性修煉空間的可能性寄予厚望，因此不揣簡陋，特別願意為此手冊大力推薦！

　　有人比喻曼陀羅為「宇宙的子宮」，意即任何一切生命事物均有可能由此醞釀誕生。我在此祈願有緣接觸使用這本手冊的夥伴們，都能從中連通汲取宇宙大海的能量，為自己的身心靈平安奠定恆常穩固的基礎，並據此形塑自己的福祉人生！

美國費城天普大學宗教學研究所哲學博士

現任南華大學生死學研究所助理教授

蔡昌雄　2021.02.26.

目錄：

導序：
沁輪脈輪曼陀羅的生命療癒

沁輪就是讓我們的心加上源源不斷來自宇宙蒼穹的能量活水，

讓心重新得到整合療癒及滋潤，產生蛻變的靈性真我之心。

當你的心不再動盪，你會感覺安心自在。

當你的心找回使命，你將不再漂泊遊蕩。

當你的心充滿光亮，你會憶起你就是光。

　　Vivi Lee 帶領沁輪脈輪曼陀羅繪製工作坊已有數年的時間，使用非結構式及結構式的方式創作曼陀羅，引領人們進入自己的內心，找到心的大解放大自由。並於 2020 年出版曼陀羅光輪牌卡，在這些歷程中，Vivi Lee 發現到現代人對於內在自我整合及對本我的迷惘而導致各式各樣情緒失衡，人際關係疏離崩壞，對內在矛盾衝突等種種課題都是迫切需要找到方式來去理解及自我療癒。沁輪脈輪曼陀羅的繪製有助於人們重新回歸內在，達到身心寧靜之效果，二十一天的結構式曼陀羅繪畫日誌，運用模具及粉彩媒材，在 15*15 公分的紙張上，連續二十一天不受限制的自由繪製，並記錄繪製過程中所發生的任何念頭及想法，且在曼陀羅繪製完成後，再次神聖的與之連結對話，運用自由書寫的方式將之再次整合，期能從二十一天紀錄個人內在歷程心理人格的轉化。許多人在完成二十一天的沁輪脈輪曼陀羅日誌，完成自我療癒，重新的整合內在，並發現

自己的美好以及內在智慧。

　　行為心理學中發現，人們把一個新習慣或新理念的形成並得以鞏固至少需要 21 天的時間，稱之 21 天效應，也就是說一個人的動作或想法如果重複 21 天就會變成一種習慣性動作或想法。21 天的沁輪脈輪曼陀羅旅程是幫助自己靜心，清晰有洞見的與自己相處，誠實的面對自己。

　　在心理學領域中的人本及敘事治療，強調每個人都是獨特的個體，也深信個人是行動的主體。我們相信當生命自己能透過繪製沁輪脈輪曼陀羅的過程，重新外化式的審視自己之生命、情緒、課題等，聚焦在自己獨特經驗以及給予個體經驗重新定義意義，我們相信個人是行動主體，我們的內在智慧能自由選擇並且做出決定行動，將生命的碎片拼湊回來，與完整的自己同在，過濾情緒雜質，讓心加入活水，由孤單失根無支持力的「心」，回歸流暢的生命品質，進化成一顆自在展現，給予源源不絕生命力的「沁」。每天繪製沁輪脈輪曼陀羅對於整合個體化歷程將產生療癒性的變化。

一、
曼陀羅的意義與源流

　　「曼陀羅」「曼荼羅」「曼達拉」「Mandala」在許多古老不同民族國家中都有類似指涉的名詞，有不同媒介（彩砂、紙張、顏料等），不同材質及圓形、方形、幾何圖形等的組合體，文化背景、使用用途功用上都有其異同之處。我們從三個面向來探討曼陀羅的意義及源流，一是東方宗教修持中的曼荼羅；二是西方心理治療中的曼陀羅；三是藝術療癒中的結構曼陀羅。

（一）東方宗教修持中的曼荼羅

　　曼荼羅 Mandala 是印度梵文，意即「神聖的圓」。它不僅僅是一個形狀，它代表的是一個生命結構模型，是一個宇宙藍圖，是我們生命中每一個時刻身心無限延伸至整個世界。曼荼羅起源於西元前三千年至西元前八百年間，隨著印度的四部吠陀而逐漸形成。主要是迎接天神下凡時所設的壇城，在迎神祭典儀式完成時，會將原先佈置的壇城毀去，象徵所有萬法皆歸於自然。在佛教經典《大日經疏卷》對曼荼羅意義描述中代表眾生輪圓具足，接引十方眾生進入佛旨佛趣，並且祈求佛種子能讓眾生成就佛果的圓融本性。曼荼羅為藏傳佛教術語或稱曼扎、曼達，意譯壇城、輪圓具足。依照曼荼羅的各種含義，其實就是宇宙觀的模型，萬象森列，圓融有序的佈置，用以表達宇宙事實，融通內攝的禪圓。已經有好幾個世紀，在西藏佛教的時輪金剛也稱為「時間之輪」（the wheel of Time），被用來視覺冥想，以象徵方式說明宇宙整體架構，如同個人意識地圖。曼荼羅的修持是以觀想法為主要宗教體悟，曼荼羅做為一種重要的象徵工具或輔助手段。藏傳信仰中；閉關修行時，會觀想 Mandala（壇城）及練習曼達盤，將所有的珍寶美好盡收曼達盤之中，將五寶的珠寶放入代表圖像及觀想境界，唱誦祝福，會讓人感受到神聖力量，及對大千世界眾生的喜悅感恩，震撼人與宇宙寰宇的觀想；擴大慈悲。東方宗教修持中的曼荼

羅是神聖的內觀聖殿，不僅涵蓋宇宙萬象，也激發人們對於自
我的神聖超越，將超越性的神聖能量與個體合一。

（二）西方心理治療中的曼陀羅

　　西方的精神分析心理學也由卡爾・榮格（C.G. Jung, 1875~1961）開始，注意到了曼陀羅的意義與功能。榮格並根據他本人的經驗與對各民族原始圖形與傳說的研究，提出了曼陀羅的原型與象徵理論。榮格第一次與曼陀羅的相遇其實來自他自己的經驗。榮格曾經與分析心理學大師佛洛伊德關係密切，甚至是佛洛伊德屬意的接班人，但在 1913 年兩人決裂，榮格心理受創，經歷生活生命之中的危機轉變，促使榮格重新審視自己，並探索內心深處的自我，他開始記錄自己的夢境及幻象，在探索及記錄的過程中，他開始繪製大量的圓形抽象圖案。他於 1916 年創造了第一個曼陀羅，在 1918~1920 年間，榮格認為他發現了曼陀羅作為一種表現本我的工具，他也根據自己的繪畫，分析出他自己一切的行動與創見，都指向單一的點，也就是曼陀羅中心的那個點。每日早晨畫一個小的圓形曼陀羅圖，他相信曼陀羅代表自我與本我的對應一致性，可作為一個自我的表現，並呈現出一個人的整體人格。曼陀羅也被視為一個人當下的心靈投射，能轉換到現實生活中「個體化」自我實現。他認為曼陀羅表現的是自體精神本質的縮影，換言之，是本我（Self）的原型。榮格更提出創作曼陀羅是一種迷失方向或創傷經驗裡的補償作用。因此，他看到自己的情況越來越清楚，「曼陀羅就是中心，它是一切道路的代表，是通向

中心點，通向個體化（individualion）的道路。」榮格藉由他的病患與自己夢境與幻境的探討與內省，試圖描繪出人類深層心靈結構，也試圖解釋人類多變的精神世界，在榮格心靈理論建構中，「原型」是一個相當重要的概念。他認為在無意識中許多質素，並非是由意識層面壓抑而來，而是它本來就在那裡，就像許多英雄意象，可以共同指向一個「英雄」的原型一樣。「原型就好像原初、基本的意念（primordial ideas），它們是超自然的，由神聖的感受充電而成。」從曼陀羅中我們可以發掘到原型及集體潛意識的影子。而個體化（individuation）正是曼陀羅要關注的歷程，人從幼兒時開始成長會有許多意識自我與人格面具，被個體認為不適宜的心理質素就會被成為陰影，甚至有強烈的情感經驗或創傷則可能成為情緒，當日常經驗與這些潛藏陰影或情結呼應時，通常會引起個體強大情緒反應，讓次級人格暫時取代平日主要人格。在繪製曼陀羅時，我們就可以讓個體自我一同經歷自我死亡或整合的個體化歷程。榮格曾說：「不管無意識是什麼，它是能創造象徵的自然現象，這些象徵具有意味深長的意義。象徵過程是在意像中去體驗，又是關於意像的體驗。」簡單來說透過曼陀羅的象徵就是含著意義的意像，不論是原型、轉化、積極想像都能讓個體在個體化歷程後更趨於接近真實的本我，也形成一種整體整合的自性融合。

（三）藝術療癒中的結構式曼陀羅

在許多傳統文化裡，曼陀羅和圓形都被用在治療儀式上。納瓦荷印地安人在美國西南部建構沙畫曼陀羅，作為治療疾病之用，在有淨化儀式的聖歌中，處在曼陀羅裡的人們得到淨化祛病的療癒作用。這個世界就是一個曼陀羅，人生也是一場曼陀羅的創造之旅。生活中也無時無刻被色彩能量的曼陀羅指引，這些圖像彩繪著人類內在與宇宙通道中最完美的結合和溝通。

曼陀羅的圖形反映了自我與本我的分合模式，我們在創作曼陀羅的時刻，等於是製造一個處在當下的個人象徵。曼陀羅喚起了本我的影響力、次序及人格整體結構的基礎模式。榮格對曼陀羅的觀點如下：諸如此類的圖象在某些情況下對創作者的療效甚鉅，這已是經過實驗證明且易於了解的事實；因為創作者在繪畫曼陀羅的過程中往往展現了顯著的企圖心，想要體驗及整合明顯對立的矛盾，另一方面又欲使無法掩飾的分裂癒合。然而若單單存有這方面想法而畫曼陀羅，通常也會產生治療效果。

1913 年是榮格生命中的關鍵時間。他開始一場自我實驗，後來被稱為他「與無意識的衝突」，一直持續到 1930 年。在這場實驗中，他發展出一種方法來「探究最深的內在過程」，「把情緒轉變為圖像」，以及「抓住在內部激盪的幻想」。後

來他稱為這方法為「積極想像」（active imagination）。榮格在繪製曼陀羅的過程中，從順從潛意識引導，不知為何而畫，到達理解思辯這些圓型圖騰，對自身、環境及事件情緒一連串自性檢視的過程中發現，認識到自性原型共時性之間關係。繪製曼陀羅的這段歷程中不僅療癒了人格，更讓他理解到集體無意識的存在，並把曼陀羅作為自性原型的重要象徵，從而開創了心理分析的自性理論。把本質、現象、原型、象徵的關係在此理論中提供核心思想，並為西方心理學與東方禪修文化建設了溝通的橋樑。

藝術治療師凱洛格（Joan Kellogg）首倡將曼陀羅作為個人成長的工具，研究出曼陀羅大圓系統（the Great Round of Mandala），這個大圓系統有十二個原型，分別為：1、空無期。2、喜悅期。3、迷宮期／螺旋期。4、開端期。5、目標期。6、矛盾衝突期。7、圓內外加四方形期。8、自我功能期。9、結晶期。10、死亡之門。11、分裂期。12、超越狂喜期。這十二個原型階段包含情結、情緒、意識、價值、人際關係、愛與歸屬、自我的拆解或重建、原型父母的矛盾、自我圓內外四方的架構等，在 Joan Kellogg 的研究中，面臨這十二原型階段的人所創造出來的曼陀羅都有一致性相關的對應，顏色、圖案、位置、方向、神聖圖騰、光源、光束等都是其象徵。

曼陀羅自發性創造圖畫反映內在自我和感受，與圓形規律

性的工作，是具有接納、結構化和愉悅的，可以減少焦慮，喚起內在關注，並創造平靜感受。特定曼陀羅圖案、形狀、色彩被用來發展某些象徵，包括掙扎、認同、個人與世界互動的形式及靈性的向度。

　　結構式曼陀羅主要就是以圓心為中心，往四個角度向外輻射，位置的象徵在榮格研究中有其理論，曼陀羅的正中央通常表示當下自我，而周圍所象徵的是自我界線。四個等邊也具有數字四的象徵意義，代表理性層面的自我，重點主要是透過重複畫的儀式，來進行宣洩、清除、舒緩、淨化等與內在對話，通常在療癒初期，雜亂不安的心反映在畫上也是灰暗、浮躁、雜亂甚至無法完成重複結構。Vivi Lee 所使用的這種重複結構式方法，固定模板圖形，沒有企圖及預設想法，專注的與自己對話，自由使用粉彩及手指頭，不斷重複上色或擦拭，畫的過程就是回到內在靜心的過程，專注、放鬆，讓自己安靜的歸於中心，繪製曼陀羅中產生的念頭、圖像、文字，不必在意文法及語氣將之紀錄下來。畫完之後完整的觀看冥想繪製完成的曼陀羅及文字，將內在感知再次積極想像自由書寫，完成自我解讀。

　　我們每一個人原型都是分裂的，我們需要「曼陀羅」讓它整合起來。透過色彩、圖騰、幾何不斷重複回歸圓心的繪製，用轉化力將對立面整合，共同創造強有力的能量圈，將其導引至生命的本質。

《生命之花靈性法則》作者 Drunvalo Melchizedek 曾說：

「一切意識皆為神聖幾何所建構，

當你一筆一畫繪出結構線條，某種啟示會發生。

當你畫出一個圓，你便會開始理解，

你的內在會產生某種變化，

你會在很深的層次上理解事物的樣子。

我相信親自畫圖是一件無可取代的事。」

二、

開始來畫結構式沁輪脈輪曼陀羅

在帶領沁輪脈輪曼陀羅工作坊的經驗中，一般民眾常常面臨空白紙張很難下手，要其自由創造沒有主題，彷彿是讓他們更難下筆。當使用結構式的曼陀羅繪製法再加上積極想像的引導，也能展現如榮格學派所引導的非結構式曼陀羅個體化歷程及轉化原型的模式，而且也能讓繪製者在過程中保持平靜清明的內觀以及穩定的情緒。結構式曼陀羅能促進人們更願意正視陰影，並且透過積極想像的畫圖書寫，隨著無意識的流動前進，透過創造性表達展現其洞見。

諾伊曼（Neumann，1971）提供關於創造曼陀羅時的個體化原型象徵描述：「這一己創造性轉化關於世界現實的基本原型意象是自給自足的永恆轉輪，這一轉輪的每一個地方都是轉折點，常常以開端為結束，以末端為開始。」這可說明個體化歷程永遠沒有結束的一天，如果能善用結構式曼陀羅及積極想像的工具輔助，將能協助想要將人格整體統一，讓生命更臻完整的人們，有一個可依循的方式。這一內在療癒過程就是英雄／女英雄最深層的真實之旅。脫下人格面具，讓負面陰影及虛假自我通過轉化而死亡，從而讓真正的自我顯現，借用榮格在其著作《紅書》所說：「現在我才逐漸明白曼陀羅是什麼：『構成、轉化，永恆心靈的永恆創造。』那就是自我，就是完整的人格；當一切都好時，就很和諧，但是不能有任何自我欺騙。我的曼陀羅圖像是自我狀態的密碼，每天都會傳送給我。」當陰影被正視（象徵性死亡）和舊的自我犧牲，就完成全新的整合自我。

小技巧教學教室

- ## 介紹繪圖工具

  （1）軟性乾式粉彩筆

  （Sofe Pastel For Artists）

  利用軟性乾式粉彩筆特性，我們可以用美工刀將之
  削為粉末，用手指沾粉做畫。

  （2）美工刀

  （3）橡皮擦、軟式橡皮

  （4）1mm ～ 1.5mm 膠帶

  （5）尺

  （6）粉彩專用完稿噴膠

- ## 刮粉及填色練習

橡皮擦及軟式橡皮運用

- **紙模製作**

　　當我們了解所有繪製結構式粉彩曼陀羅的工具及技巧後，我們就可以開始進入沁輪脈輪曼陀羅的心之旅。

（一）**安靜的時間與空間。**

　　準備一個不被打擾的環境，給自己 30~60 分鐘，將手機關機，準備好紙張及粉彩筆相關工具（如工具圖示介紹），將自己的內在沉靜下來，做幾次深呼吸，你可以有意圖的將你的問題或想尋求解答的事情，運用觀想將它清晰完整地想一次，或可以抽取靈性脈輪曼陀羅光輪卡，藉由卡片上的文字自由聯想脈輪相關課題，也可以什麼都不想的將心沉靜下來。信任自己的內在智慧，以及相信來自宇宙蒼穹的大自然能量，在準備好的時刻就可以開始進入沁輪脈輪曼陀羅的自我對話藝術創作中。

（二）找到圓心，並運用隨意線條剪出模型版。

（1）紙張對折

（2）畫出線條

（3）剪下模型版

（三）找出正中心及八條對角線。

（四）運用直覺選取粉彩筆並將之磨成粉末。

（五）將曼陀羅的模版放置在對角線，依序填滿。

（六）加上背景（可以自由創作，也可不加）。

（七）擦出光線（可以自由創作，也可不加）。

（八） 審視完成後的沁輪脈輪曼陀羅，給自己一點時間
書寫。（可參考下 一章自由書寫的問句）

三、

積極聯想及自由書寫的心靈療癒

人往往都不知道怎麼了，有苦說不出，無法表達自己真正的感受，有許許多多的原因讓我們壓抑自己真正的想法，到最後言不由衷，無法與自己的心對談，自然連自己怎麼了也察覺不出來，麻木而無感。當我們的口堵住了，內在的情緒體就會像個燜燒鍋，擔心、生氣、掙扎、焦慮、受傷、在意、嫉妒等情緒在鍋內翻騰，思緒混亂隨時準備爆炸，生命的能量自然卡住，無法動彈，讓畫及寫代替說，更容易讓自己心裡底層的陰影掏出來，進行個體化歷程。

　　早在 19 世紀初，為了解人類的心理，自由書寫、無意識演說與靈視，開始被心理學家認可，成為重要的工具。在心理治療上，皮耶・金納與摩頓・普林斯（Morton Prince）使用自由書寫來揭露隱藏的回憶與無意識中固定的想法。透過自由書寫能把次級人格帶出來，與他們進行對話，協助個體發現自己並且重新整合人格。榮格曾說：「只有當我開始繪製曼陀羅時，我才看到我所走的所有道路、我的所有腳步，全都回到了這個點，也就是這個中心。曼陀羅成為所有道路的表達。」

　　繪製曼陀羅及自由書寫就像是一種往內在探索的修行旅程，是幫助我們靜心的禪修工具。讓我們在不知如何啟齒開口及不知從何說起時，開啟一道裂縫，不必在意他人看法及任何聲音限制，無拘無束的與自己的心對話，「誠實面對自己」就是自由書寫的核心。不管你看到或感受到什麼，只需要如實的寫下來，不扭曲、不批判、不自欺、不迂迴、不否認，讓自己清清楚楚的看見內在的心，並且不論好壞的接納它；透過自己的內在智慧轉化它，這就是一個內在療癒的過程。

我想，自我，就像是一個單子（monad），

我就是那個單子，那就是我的世界。

曼陀羅象徵這個單子，對應著靈魂的微小宇宙本質。

榮格 C.G. JUNG （1918 年）

四、
為自己而畫而寫的沁輪脈輪曼陀羅

**在繪製沁輪脈輪曼陀羅之前，可以在靜心時自由書寫自己
最近所遭遇的事情或想法，可參考以下問句方式。**

1. 你現在的身體部位有不舒服的地方嗎？

2. 你今天有什麼事情正在發生？

3. 你現在的心情如何？

4. 有什麼是你現在聯想到的？

   （任何人事地物皆可）

5. 感知內在的自己有什麼話想說？

在繪製沁輪脈輪曼陀羅的過程中，有任何的想法或者針對繪製前問題的回答，都可以馬上記錄下來，不必特別在意文法語句，只須如實的將之記錄。

在完成繪製沁輪脈輪曼陀羅，將作品拿起，像欣賞藝術品一樣，360 度旋轉紙張，可參考以下問句方式，與自己對話並書寫下來。

1. 這個沁輪脈輪曼陀羅代表什麼？
2. 這個沁輪脈輪曼陀羅讓你有什麼感受？
3. 這個沁輪脈輪曼陀羅要告訴你什麼？
4. 給這個沁輪脈輪曼陀羅作品一個名字？
5. 給自己的正面肯定祝福。

五、
沁輪脈輪曼陀羅日誌

日誌就像是日記一樣，對心理的益處是被認同的，並被使用在表現情緒或者復原的心理治療上。而沁輪脈輪曼陀羅日誌就像是你私人的心理諮商師，透過繪製及書寫過程，深度的與內在對談，往往幫助許多人度過困難的情緒時光，克服人生困境為自己找出指引方向。甚至是嚴重疾病或者是重大的事件創傷，透過沁輪脈輪曼陀羅日誌也是自我展現及探索個人和世界關係的創造歷程。

Margaret Naumburg 是藝術治療領域的先驅之一，她提出有意圖並規律的自發性創作圖像和記錄過程及對圖像的想法，對個人自我探索自我覺察是有大助益的。藝術治療師 Lucia Capacchione 提倡為了健康及生命中的幸福感受所創作的日誌是「發現自己的藝術」。藉由規律性的自發性創造圖像，和寫下對創作性作品的回應，你會開始發展屬於自己的視覺語彙。無論是主題、顏色、線條、形狀、符號等，你會有自己獨特性的發現，這也是增進自我表現及自我價值認同的一種方式。

透過一段時間規律性的沁輪脈輪曼陀羅創造及自由書寫，你從這些圖像中，自然地發現他們巧妙性的關聯，也有可能發現內容及系列圖像。寫一些關於這些圖像作品的詞語，例：印象、色彩、線條、形狀、感受、內容的描述。如果是有意圖的繪製，可以寫下一些想法、啟發、心情故事或任何自由形式的書寫。當你記錄下來時，給予圖像意義，連結想法和感覺，幫助你發現這段日子以來的象徵。

沁輪脈輪曼陀羅日誌是非常個人隱私的，是自我對談的知己，幫助我們發現以及傳達生命生活中重要的事物訊息，你可以放心的盡

情繪製及暢所欲言，敞開的將自己真實內在呈現，透過一次次的過程，把生命遺失或埋藏未處理的碎片重新拼回來，讓生命更加圓滿完整。不要給自己過多的壓力，你可以自己決定面對及挖掘的深度，無需勉強自己，只需用愛心及耐心來照顧自己。

在我帶領二十一天沁輪脈輪曼陀羅工作坊的許多人們，他們常常回饋說：「如果有清晰的課題跟意圖，或者內心裡有想探索答案的生命課題，是可以讓心靈依循著步驟，透過自己的自發性圖像去創造答案及訊息。」雖然每一個人的狀態不一定一致，但大多數嘗試過的朋友們都對他們自己與生俱足的內在心靈力量感到驚訝。

六、
沁輪脈輪曼陀羅日誌練習範例

Amy：女性，30 歲，上班族。

二十一天沁輪脈輪曼陀羅日誌：第九天。

4/29 (一)

今天發現自己真的很愛批判自己，也很喜歡把責任投在自己身上，因為今天有一個很好的人來想要問事，我馬上覺得是「是不是自己有問題，所以沒引導好別人來」後來先讓自己靜下來，察覺自己真的很辛苦這樣，也同時讓我想到大師說的「當服務別人之前先服務自己」覺得自己如果老是用批判的態度對自己，那麼對別人也老是挑著批判，而老把責任放在自己身上，等於是把別人情的信套自己的身心。要常在每個時候更喜歡用鼓勵，愛來陪伴自己，尊重自己，才能夠放下那些對錯，批判，也讓自己更輕鬆，輕鬆的持續向前，一起面對了解決問題。

50

Amy 自由書寫：

　　發現自己很容易批判自己，也喜歡把責任放在自己身上。在繪製時想到自己在服務客戶時，先怪罪質疑自己。這種情緒讓她不舒服，回想過去一直在面對問題時都會有這種直接反應及想法。在此過程裡慢慢轉變成曾經聽智者說過：「服務別人之前，要先服務自己。」覺得自己如果都先用批判的態度對待自己，那麼對別人也會抱持批判，而且把責任放在自己身上，等同加倍傷害自己的身心，然後發現到要用溫柔、愛去關懷自己、尊重自己，才能放下那些對錯及批判，使用新的方式來面對這個課題。

Vivi Lee 老師說：

　　運用榮格心理學來看這個個體化過程，個體出現矛盾及迷惘，而本我浮現開始將人格不斷擴張和成熟的調解對於這個事件及情緒的核心。在榮格心理學中，積極想像是一種指導，有一定意識類似冥想的狀態，個體利用這種狀態來深入無意識當中，讓榮格所說的那些「希望成為意識」的夢想顯現出來。這些無意識透過繪製曼陀羅時產生積極想像，以文字方式表達時，則有讓尚未確定的精神內容變成現實的作用，在這個個案的案例上有此表現。

　　觀看其繪製的藍色曼陀羅，在基督教堂中多使用藍色象徵聖母瑪麗亞，象徵代表了愛心、慈悲、耐心等正面的母親原型特質，也對應到個案在新的方式中有提到「要用溫柔、愛去關懷自己、尊重自己，才能放下那些對錯及批判」。四面出現的大尖角是要穩固住自己在面對外在世界的平衡，不對稱的小尖角象徵著潛意識及意識之間的角力，潛意識及理性尋求轉化，但在面對外在世界時需要更大穩定力才能實踐新的體會。

Vicky：女性，35 歲，諮商師。

二十一天沁輪脈輪曼陀羅日誌：第四天。

Day 4　2019.4.24

Vicky 自由書寫：

　　掉入了自我認同的泥淖中，很多的難過，不被認定感。感覺最親近的人無法傳遞溫暖，冷漠的話儘管背後是愛，仍令人悲傷。明白對方不懂表達愛，並不想責怪，但真的希望溫暖，感到好疲痛……不想再被他人的話語否定了自己，我要捍衛我的內在美好，捍衛本源的豐盛，就像我看到的漫畫角色所說的「要成為一個強大的存在，就必須必守住內心的信念，再多強大的敵人前都不能屈服」，儘管明白對方比自己強大很多，守住核心自己才「活著」。回到純潔乾淨的愛，用來愛人和給予溫暖，而不是用來渴求和自我可憐；太陽是奉獻，月亮是接受，星星是守護，我要提升月亮的力量，這樣儘管他人的信號微弱，我都能收到最美的祝福！每人心中都有日月星的力量，透過畫畫打開那個通道，給自己來自真理的陪伴。

Vivi Lee 老師說：

　　從這個曼陀羅中可以感受到自己所不認同的陰影，外在的人格所顯現的堅強，成為強大存在的武裝，而陰影則是渴求他人肯定及自我可憐。筆者有訪談個案關於曼陀羅中的陰影情結，Vicky 有談及從幼年時就會因為父母親的爭吵，母親總是妥協避免更大的爭執。而讓她會因為想平息爭吵而壓抑自己順應對方，因此在伴侶相處上總感覺到自我虐待的感受。在屬於個體自我死亡與轉化模式的語境下，轉化意味著改變我們人格的本質。榮格認為自我與我們的意識是同一性，是一種情結。這一個情結以我們成長的歷史為基礎，同我們的個人無意識和內向投射的父母特徵和衝突有關，如果我們自己一直無法覺察採取行動，就會與父母一致，而不是我們真正的自我。

　　Vicky 自己賦予太陽、月亮、星星有不同的象徵意義，在榮格理論中上半部代表的是意識自我的部分，不管是奉獻、接受、守護都是她想對外展現的力量，而黑色是渾沌的初始，因此黑色也象徵死亡及再生，在此曼陀羅下部的種子發芽，象徵母親力量及潛意識的萌芽。在個體化歷程中，看似是掉入泥淖，但也象徵自己不再需要外在世界的人事地物肯定自我的自我死亡，轉化過程的核心是原型的死亡—重生的經歷。自性是

占主導的自我意象犧牲（象徵性死亡）背後的力量，推動著個體化歷程。回到本我的真實，給予自我展現的無限支持。每當人類真心轉向內在世界，不依靠沉思默想其主觀的思想和感情，而是傾聽他的夢和真實幻想等客觀本性的表達，盡力去認識自己時，「本我」必定遲早會浮現出來，這樣，「自我」才會找到內在力量，促進全面再生的可能。

Kitty：女性，32 歲，學校行政人員。

二十一天沁輪脈輪曼陀羅日誌：第一天。

「海底輪～立命九」

開始、要再次擁抱它們」，這是天賜給我的禮物。去做事，但「認真和毅力」都是我難得可貴因為點少的……「認真做某件事」是很久而久之，就要慢慢地……當我認真做時，被月照讓……開始覺得，想像自己就是愛嘉康蒂，勇猛殺力及恆心。高中前我……足，想法屈服了，接受了，自己毀了得閱讀自己心愛……的感覺唆唆……，最近不喜歡工作的事及想做的事很多又好，而自己也變這樣……先畫，淺……一滿枕。

Kitty 自由書寫：

沈重。淺灰色（掙扎）。感覺酸酸的。最近不管工作的事及想做的事很多又忙，而自己也被這樣的說法說服了、接受了，自己毀了那個跟自己當初的約定。想像自己就是寶嘉康蒂，充滿毅力及恆心。高中前我是非常有恆心的，「想要」的事，一定要做到，改變我的是當我認真時，被同學說「幹嘛那麼認真！」開始覺得「認真」做某件事是很丟臉的，久而久之，就習慣沒那麼認真去做事。「認真」和「毅力」都是我難得可貴的優點，今天開始，要再次擁抱它們，這老天賜給我的禮物。「海底輪～生命力」

59

Vivi Lee 老師說：

　　內心陰影所受到集體影響，遠比受到有意識性格的影響大得多。如同 Kitty 所表述：「當我認真時，被同學說：「幹嘛那麼認真！」開始覺得認真做某件事是很丟臉的，久而久之就習慣沒那麼認真去做事了。」她屈服於根本不屬於她的衝動，特別與自己同性的人接觸時，常常被自己和他人的陰影所壓制。個案在實現這張曼陀羅時感受到沉重而且有掙扎的感受，在繪製中不斷回想到高中的事情，突然之間似乎明白了自己的本質是「認真」及「毅力」，無意識中的本我突然清明起來，對於過往的陰影也起了轉化的作用。對於「寶嘉康蒂」這個女性英雄原型的嚮往及認同也成為她轉化的動力。榮格的原型概念既包含積極及消極的可能性，寶嘉康蒂對於個案而言，是其阿尼瑪的積極原型，從原型中得到一個實證的概念，表達其人格的整體統一。借用榮格的話：「這一形成似乎是心靈所繼承結構的一部分，因此能夠隨時隨地自發顯現。因為原型具有本能的性質，所以它構成了帶著情感基調的情結基礎，與它們分享自主權。」

　　在 Kitty 其繪製沁輪脈輪曼陀羅中心的黃色圓形，象徵本我的運轉，凱洛格則認為黃色是意識、本質我認知及個性發展的一項重要指標。榮格學派的心理學家則認為黃色象徵直覺能

力，表示能從片段的事實與印象中掌握重要意涵。對照 Kitty 的自我表述，也與以上專家的分析不謀而合。而四個對角的綠色葉子圖形，也象徵了在本我潛意識的開展及自我意識重新再生平衡，是一種從原本的沈重掙扎得到清晰的啟發，讓整個個體化歷程在潛意識及意識中得到整合轉化。

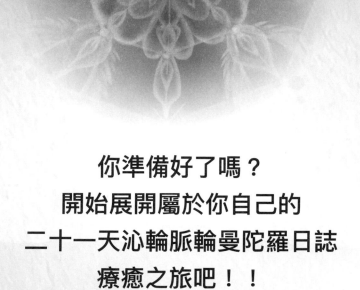

你準備好了嗎？
開始展開屬於你自己的
二十一天沁輪脈輪曼陀羅日誌
療癒之旅吧！！

好生活 019
自在光 自在觀

作者：李芯薇
美術設計：Johnson

總編輯：廖之韻
創意總監：劉定綱
編輯助理：錢怡廷

法律顧問：林傳哲律師 / 昱昌律師事務所

出版：奇異果文創事業有限公司
地址：台北市大安區羅斯福路三段 193 號 7 樓
電話：（02）23684068
傳真：（02）23685303
網址：https://www.facebook.com/kiwifruitstudio
電子信箱：yun2305@ms61.hinet.net

總經銷：紅螞蟻圖書有限公司
地址：台北市內湖區舊宗路二段 121 巷 19 號
電話：（02）27953656
傳真：（02）27954100
網址：http://www.e-redant.com

印刷：永光彩色印刷股份有限公司
地址：新北市中和區建三路 9 號
電話：（02）22237072

初版：2C21 年 4 月 18 日
ISBN：9789860604740
定價：新台幣 570 元（含一書一日誌）